A LA CLASSE OUVRIÈRE

PAR

Le Comité Révolutionnaire du Prolétariat.

LONDRES, LE 1er OCTOBRE 1874.

Prix : 20 centimes.

Aucun droit réservé.

Dépôt principal à Londres :

DELAHAYE, 66, Drummond Street,

EUSTON SQUARE, N.W.

NOTA.—Le siége social est provisoirement fixé chez le citoyen DARDELLE, 43, Burton Crescent, Burton Square, W. C.

Le Comité publiera ultérieurement :

Des principales mesures à prendre à l'intérieur et à l'extérieur au lendemain de la future victoire de la classe ouvrière.

Projet d'organisation du travail ayant pour base un capital commun.

Projet d'organisation de l'armée de la révolution.

Projet d'organisation des finances.

Projet d'organisation de la police.

Projet d'organisation de l'enseignement.

A LA CLASSE OUVRIÈRE.

La lutte de plus en plus vive entre *le travail* et *le capital*, entre *la classe ouvrière* et *la classe bourgeoise*, nous fait un impérieux devoir de nous organiser, de combiner nos efforts individuels et collectifs en vue d'une action commune contre l'ennemi commun, la classe bourgeoise.

En ce moment, où *le paganisme moderne*, catholiques dirigés par Pie IX, et protestants dirigés par Bismarck, menace de nouveau, d'enrayer la révolution sociale européenne, et voudrait la noyer dans des guerres religieuses et de conquêtes, nous devons nous, travailleurs socialistes, resserrer nos liens et aviser.

Quand après tant d'héroïques efforts contre la dictature bourgeoise, *la guerre des classes* est enfin à l'ordre du jour, l'indifférence, comme l'abstention, seraient pour nous, esclaves modernes, le signal de la défaite, pour la classe bourgeoise, le signal de la victoire ; pour celle-ci, la prolongation d'une vie de jouissance et d'orgie, pour nous une nouvelle période de servitude et de luttes.

Isolés, nous ne pourrions rien, et nous serions encore dupes des rhéteurs et politiqueurs intéressés aux institutions actuelles, et qui, sous prétexte d'habileté, ajournent indéfiniment *la question du travail*, cause de l'antagonisme social et de toutes nos révoltes passées.

Groupés et disciplinés, nous poursuivrons avec succès et sans relâche l'œuvre de transformation sociale dont le but est *l'abolition des classes, l'émancipation immédiate et absolue de la classe ouvrière.*

Après tant de discussions stériles la question pour les partis versaillais s'est réduite au fumier bonapartiste et aux ignares trop fameux, pour lesquels il n'y a point de question sociale.

Bonapartistes ou radicaux, quel que soit le résultat, notre situation n'en sera pas changée. Ils ont, d'ailleurs, le même programme : Maintenir l'intégrité du suffrage universel.

Pas n'est besoin d'être prophète pour prévoir l'avenir. Que penser d'un parti politique qui commence par nier le socialisme et qui inscrit sur son drapeau : liberté de la presse, liberté de réuuion, droit d'association ; n'est-ce pas se mettre dans une impasse ou avouer son impuissance.

Aux travailleurs donc à ne compter que sur eux-même et sur les socialistes qui affirment franchement l'émancipation de la classe ouvrière.

Ce que la classe bourgeoise poursuit, ce ne sont point des réformes qui, abstraction faite de considérations plus élevées, sont devenues une nécessité par suite du développement industriel ; elle ne cherche que des coupe-jarrets qui lui garantissent ses priviléges. Thiers et Mac-Mahon ne sont plus les bouchers de ses désirs.

L'unique but de cette classe d'usuriers, de rentiers d'exploiteurs, c'est d'arrêter la marche consciente de la révolution sociale, dont Juin 48, et Mars 71 sont les glorieuses étapes.

Monarchie de droit divin ou constitutionuelle, empire césarien et démocrate, république conservative ou radicale, pour nous, ouvriers socialistes, qui ne nous payons pas de mots, mais qui exigeons des réformes sociales, tous ces gouvernements ne diffèrent que dé nom. Aucun d'eux n'agit dans l'intérêt des travailleurs. Tous parlent et agissent dans l'intérêt du peuple et de la patrie, c'est-à-dire, dans l'intérêt exclusif de la classe bourgeoise.

Ces gouvernements ont tous le même but, qui se formule ainsi : Nous ne devons jamais nous, classe bourgeoise, nous désaisir du pouvoir politique, si nous voulons conserver nos priviléges économiques. — Or monarchie et république, le peuple et la patrie ne sont plus pour nous que des mots insignifiants et sans effet.

Sœur cadette de la monarchie, dernière invention du monde bourgeois, la république est morte en Juin 1848, elle s'est définitivement enterrée avec les radicaux dans les journées de Mai 71.

Le peuple, mot perfide et à double sens, dont se servent encore quelques écrivaius, qui se prétendent révolutionnaires, parce qu'ils ont le talent de tout embrouiller ; fauteurs de demi-mesurés qui visent encore à l'union des classes, ou imbéciles qui ne peuvent réduire l'organisation sociale actuelle à ses deux termes simples : — Salariés et capitalistes ; classe ouvrière et classe bourgeoise. — C'est au nom du peuple que la classe bourgeoise a toujours fusillé et mitraillé la classe ouvrière à la Croix-Rousse, à Aubin, à la Ricamarie en Juin 48, comme en Mai 71.

La patrie, hypothèse absurde, qui n'existe pas pour nous ; moyen entre les mains de la classe bourgeoise pour nous diviser et nous faire nous entr'égorger ; lorsque les intérêts de la classe ouvrière sont identiquement les mêmes dans tous les pays, lorsque la question du travail qui n'est point une simple question locale ou nationale, mais une question internationale, nécessite le concours des travailleurs du monde entier. Il n'y a point de patrie pour nous dans un milieu où les lois sont faites sans nous et contre nous, où nous sommes traités en parias, plus surmenés que les bêtes de somme, sans jamais avoir, comme elles, la certitude du pain du lendemain.

Le jour où, après avoir fait table rase des priviléges de la minorité bourgeoise qui nous opprime, l'égalité sociale sera passée dans le domaine des faits ; alors, le fusil d'une main et l'outil de l'autre, nous saurons faire respecter nos institutions égalitaires.

Au crétinisme intéressé du monde bourgeois qui feint de ne pas nous comprendre et qui traite nos revendications de folie et d'utopies insensées, nous disons : — Vous pouvez nous promettre, bourgeois exploiteurs, d'être à l'avenir de bons pères de famille, de nous restituer la plus grande part possible de la valeur de notre production ; vous pouvez nous proposer l'association coopérative, l'association en participation et autres balivernes semblables. Nous vous declarons n'accepter aucun de vos expédients, nous exigeons une solution.

Ce que nous voulons : *C'est la valeur intégrale de notre force et de notre intelligence dépensées dans l'acte de la production ; c'est la transformation du mode de production actuel,* mode qui oblige la plus grande partie de l'espèce humaine à un excès de travail pour nourrir l'autre partie qui vit dans l'oisiveté et l'opulence.

Ce que nous exigeons de vous, bourgeois capitalistes, *c'est la restitution à la communauté du capital social. —*

Terre, mine, outillage. — La terre, capital naturel, et l'outillage des ateliers et des fabriques, résultat du travail des générations mortes, dont vous êtes les spoliateurs, doivent revenir propriété commune et inaliénable, au lieu d'être propriété individuelle et aliénable·

Nous ne voulons plus être salariés ni exploités. — *Nous voulons être associés. — Chacune de nos associations doit avoir un capital commun ou collectif :* Aux ouvriers agricoles, le champ qu'ils cultivent ; aux mineurs, la mine ; aux marins, le navire qu'ils dirigent ; aux ouvriers industriels, l'outillage des ateliers et des fabriques ; aux personnels de schemins de fer, des télégraphes et des canaux, les chemins-de-fer, les lignes télégraphiques et les canaux.

Nous voulons à la charité chrétienne, qui dégrade et avilit, substituer la solidarité. La collectivité doit le nécessaire à quiconque, homme ou femme, pour cause de chômage, de maladie ou de vieillesse ne peut plus travailler.

A l'éducation mystique, reposant sur un ou plusieurs prétendus Dieux, qui, s'ils pouvaient exister, seraient des monstruosités, nous voulons substituer une éducation ayant pour base les sciences exactes.

Plus d'instruction élémentaire pour la classe ouvrière, et une instruction secondaire ot supérieure pour la classe bourgeoise. *Nous voulons un enseignement égalitaire, l'enseignement intégral pour tous et pour toutes.*

Ce ne sont point là des questions de sentiments, ce sont des questions de justice. — *C'est notre droit.*

Nous ne reconnaissons à aucun homme, qu'il soit propriétaire-foncier ou boyard, capitaliste moderne ou mandarin, exploiteur ou maître d'esclaves, le droit de prélever ni un centime sur le travail d'un autre homme, ni une minute sur son existence.

Nous savons bien que cette classe parasite, que nous nourrissons depuis si longtemps, s'appuie sur un prétendu droit — l'hérédité — que le myopisme libéral nie au point de vue dynastique, et reconnaît au point de vue du capital social. Droit qui n'est autre chose que le vol légalisé, et que la bourgeoisie no maintient que par la ruse et la force, à l'aide de ses deux armées; les sectes religieuses qui abrutissent, et les soldats qui tuent.

Or, il faut le dire et le répéter, entre ce prétendu droit et le nôtre, la force à main armée seule peut décider.

Bien que nous soyons le nombre, conséquemment la force, si nos tentatives d'émancipation ont échoué jusqu'ici ; c'est surtout parce que, inconscients de notre propre force comme de notre valeur, éblouis par le charlatanisme de circonstance de théoriciens habiles, nous les avons subis, choisis même pour défendre notre cause ; quelques-uns ont été sincères, mais toujours impuissants : les autres, jongleurs politiques, qui ne visent qu'à la popularité, qu'à jouer un rôle historique, ceux-là nous ont toujours sacrifiés au moment du combat pour se rallier aux intérêts de leur propre classe.

D'autre part, l'esprit de clocher, les haines nationales, résultat des guerres périodiques, et les préjugés entretenus avec tant de soin par la classe bourgeoise de tous les pays, ont eu pour but de nous diviser, de nous rendre insolidaires, de localiser la lutte politique comme la lutte économique.

Aussi dans chacune de nos révoltes, outre les forces réactionnaires locales, avons-nous eu à combattre la coalition monarchique, républicaine et cléricale de tous les pays. L'intervention des flottes étrangères contre les fédéralistes de Cartagène l'atteste encore. Nous ne signalons pas cette coalision des armées étrangères comme un obstacle au succès de la révolution, nous la croyons, au contraire, nécessaire ; il suffit de la prévoir et d'être audacieux pour la vaincre.

Le comité révolutionnaire du prolétariat, exclusivement formé de travailleurs, ne commettra point l'erreur des groupes formés de l'élément ouvrier et de l'élément bourgeois. où l'influence de ces derniers prévaut toujours. Nous conduirons de front *et la question politique et la question économique*, qui pour nous sont inséparables ; bien convaincus que c'est de la spontanéité des deux réformes que dépend le succès. C'est parce que la Commune de Paris a hésité, c'est parce qu'elle ne s'est point affirmée au point de vue économique ; c'est parce qu'elle s'est inclinée en face de la Banque de France au lieu de s'en emparer, qu'elle a été vaincue. C'est aussi pour cette raison qu'il se trouve des hommes assez niais pour la vouloir réduire à une simple réforme administrative.

Il ne peut plus y avoir de malentendus, aujourd'hui : on est avec la classe ouvrière ou avec la classe bourgeoise. Les partisans du juste milieu doivent être réputés traîtres. La révolution doit être uniquement dans l'intérêt de la classe ouvrière, c'est-à-dire, dans l'intérêt de la grande majorité de l'espèce humaine. Il ne 'agit point de créer de nouveaux priviléges en faveur de la classe ouvrière, nous voulons, au contraire, établir pour tous et pour toutes des droits et des devoirs égaux.

Pendant la période militante, le Comité révolutionnaire du prolétariat a un double but.

1o. Au point de vue politique. — *Nous voulons constituer le parti socialiste ouvrier.*

2o. Au point de vue économique. — *Nous nous efforçons de propager les sociétés ouvrières de prévoyance et de résistance, de les fédérer nationalement et internationalement.*

En nous constituant en parti ouvrier, nous nous affranchissons de la détestable tutelle bourgeoise, nous rompons avec la vielle politique moutonnière, avec la croyance aux prétendus sauveurs qui ne nous ont jamais sauvés

Nous répétons à nos frères en travail ce que nous disions en 71. " *L'abstention politique est le pire de tous les moyens,* quand, à défaut d'un fusil, nous n'avons d'autre moyen de lutte que le bulletin de vote. Il faut voter. Mais ne votons plus pour des propriétaires, pour des exploiteurs, des avocats, des journalistes, des hommes de lettres, des banquiers, etc., tous autant de satisfaits qui sont intéressés au maintien de l'inégalité sociale ; assez longtemps nous leur avons servi de marchepied, trop longtemps ils nous ont sciemment trompés. Voulons-nous hâter notre émancipation, en finir avec cet esclavage qui met notre existence et notre dignité entre les mains des exploiteurs : votons pour des travailleurs ; choisissons tous nos délégués : députés, conseillers généraux, municipaux, maires et adjoints parmi ceux qui, comme nous, travaillent et souffrent eux seuls connaissent nos besoins, eux seuls sont intérsés à la révolution sociale.

Il n'échappe à personne aujourd'hui que organisés pour la lutte économique ; nous le sommes également pour la lutte politique.

Abstraction faite du but immédiat des sociétés de résistance : La réduction des heures de travail ; l'introduction d'une journée de travail normal dans tous les pays fédérés ; la suppression des heures après la journée, et l'augmentation des salaires ; elles ont l'immense avantage de nous faire nous reconnaître comme classe dans le chaos de cette marâtre organisation actuelle ; elles sont de plus les écoles préparatoires où se forment les véritables éléments d'un monde nouveau, d'une société égalitaire que nous voulons fonder, où chacun en travaillant aura la plus grande somme possible de bienêtre ; où les guerres de religions, de dynasties, de races, de couleurs, de nationalités et de conquêtes seront à jamais bannies ; où la concurrence et l'antagonisme des classes seront remplacés par la solidarité et la paix, parce qu'alors l'unique occupation de cette société nouvelle sera Le Travail.

Aussi conscients des difficultés de la lutte que de la haute mission, dans laquelle nous sommes engagés, forts de notre droit et de la justice de nos revendications, nous faisons appel à tous les travailleurs qui se sentent assez d'énergie, suffisamment majeurs pour s'affranchir de la dictature de la classe bourgeoise. Nous tendons une main fraternelle à tous les groupes socialistes qui, comme nous, veulent l'émancipation immédiate et absolue de la classe ouvrière.

Que ceux qui poursuivent le même but que nous, mais dont les moyens diffèrent des nôtres, recherchent des éléments avec lesquels ils soient en communion d'idées. Nous savons par expérience que pour être un groupe actif et politique, il faut qu'il y ait affinité d'idées entre tous ses membres. Le succès de la révolution dépend moins de l'unité de vue que de l'unité d'action.

L'essentiel c'est de nous grouper d'abord ; cela fait, nous nous entendrons nécessairement ensuite pour agir avec ensemble et unité dans l'agitation comme dans l'action.

Si au point de vue économique nous nous sommes déclarés communistes, cette déclaration n'implique point l'idée sectaire, comme on nous l'a dit lors de la publication de nos statuts, le 21 août 1872, à Londres. Nous sommes trop convaincus que ce sont les partisans de théories préconçues de système tout d'une pièce, qui divisent le plus la classe ouvrière. Sans doute, il y a des sectes communistes ; mais le communisme n'est ni une théorie moderne, ni antique ; c'est un fait qui a précédé tout autre mode d'organisation sociale.

Le communisme a existé au début de toutes les sociétés naissantes. Ce ne fut que plus tard que les conquérants se firent nourrir par les vaincus, qu'ils les transformèrent en esclaves et dont ils firent la base de leurs richesses. Puis à force de luttes les esclaves crurent s'affranchir en obtenant la liberté. Ce fut une erreur, parce qu'alors les conquérants s'approprièrent tous les moyens d'existence. — La terre et les instruments de travail — dont ils sont encore les détenteurs.

Quand au prétendu communisme de Sparte, que la bourgeoisie seule aurait intérêt à revendiquer, et qui sert d'argument à tous les individualistes pour combattre la révolution. Ce ne fut qu'une tentative avortée vers le communisme ; une révolution escamotée par les platoniques amoureux de l'égalité sociale de cette époque-là.

L'organisation des Spartiates fut l'image frappante, moins raffinée de l'organisation actuelle. Comme aujourd'hui, il y avait deux classes distinctes : les citoyens et les ilotes ou esclaves. Les citoyens, comme les bourgeois d'aujourd'hui, ne travaillaient pas, ils recevaient un enseignement supérieur et avaient seuls le droit à la direction politique et économique de la communauté.

Sur les ilotes, comme sur les prolétaires modernes, reposait tout entier le travail, ils recevaient un semblant d'instruction, et une fausse éducation leur était inculquée par une armée d'abrutisseurs semblables aux prêtres d'aujourd'hui. Comme nous, ils avaient le devoir de travailler pour nourrir et subvenir à tous les besoins de la bourgeoisie d'alors sans avoir aucun droit.

Tous les ouvriers sont communistes, tous ont eu les

démagogues pensées suivantes : Pourquoi ces machines que nous manœuvrons, cette matière que nous transformons ; pourquoi ces champs que nous cultivons, cette mine dont nous extrayons l'or, l'argent, le fer, la houille...... ; pourquoi toutes ces choses appartiennent-elles seulement à quelques individus ?

Pourquoi cet outillage, cette matière première, ce champ, cette mine, ne sont-il pas propriétés communes ?

Pourquoi cet exploiteur qui nous surveille, nous insulte et nous menace, aura-t-il dans dix ans prélevé sur notre production une fortune colossale ; tandis que nous au bout de ce temps, épuisés par un excès de travail, nous n'aurons d'autre perspective que celle de mourir de faim et de froid ?

Pourquoi cette fortune colossale, surcroît de notre production, n'est-elle pas versée dans une caisse commune, caisse d'assurance et de prévoyance contre la maladie, le chômage, la vieillesse et la famine ?

Ce raisonnement si simple et si juste est aussi le résultat des discussions de tous les groupements ouvriers. C'est pourquoi nous sommes convaincus que le communisme est l'unique moyen de nous affranchir des horreurs de l'exploitation capitaliste. D'autre part, l'épouvante que ce mode de production inspire à la bourgeoisie, est pour nous la meilleure garantie de son efficacité, c'est notre pierre de touche la plus précieuse.

Quant à la forme du gouvernement. Bien que en principe nous soyons fédéralistes ; nous croyons que la dictature de la classe ouvrière est indispensable, tout au moins, pendant la période de transformation, pour fonder une société ayant pour base l'égalité sociale. Nous sommes persuadés que le moyen qui sert si bien la minorité bourgeoise pour nous opprimer, pourra à plus forte raison servir la majorité ouvrière à s'émanciper.

Quoique les Versaillais aient déjà passé trois ans à discuter la forme de leur gouvernement et la couleur de leur drapeau, ils savent bien que là n'est point la cause de l'antagonisme social ; ce sont des données de fantaisie, introduites par eux, pour déplacer la question.

L'antagonisme social est dû à la présence de deux classes, ouvriers et bourgeois, dont les intérêts sont diamétralement opposés.

Or la république, celle des États-Unis d'Amérique ou de la Suisse, comme l'entendent les radicaux, n'est autre chose qu'une monarchie sans monarque. La classe ouvrière a toujours à subir la tyrannie des capitalistes et des propriétaires fonciers. Sans une profonde réforme dans les rapports entre le travail et le capital, a république, en France, comme dans tous les pays où les idées socialistes sont répaudues, est plus impossible que la monarchie ; d'abord, parce qu'elle ne peut donner satisfaction aux deux classes, ensuite, parce qu'elle perd son unité d'action indispensable pour réprimer les légitimes aspirations de la classe ouvrière.

Sans doute, l'existence de deux classes n'est point une découverte moderne, ce qui est nouveau, et qui s'oppose aujourd'hui à toute conciliation nouvelle ; c'est que les ouvriers se sont reconnus comme classe ; c'est parce que nous savons que c'est sur nous, et seulement, sur nous que repose la production tout entière ; ce dont nous sommes convaincus enfin ; c'est que la classe bourgeoise est non-seulement inutile, c'est une classe nuisiblo, dans ce sens, qu'elle consomme sans rien produire.

En prolongeant sa dictature sur la classe ouvrière, le monde bourgeois ne fait qu'aggraver sa situation, sa chute n'en sera que plus complète.

Bien qu'il n'y ait encore que les ouvriers de France et d'Espagne qui aient levé l'étendard de l'insurrection, bientôt s'y adjoindra le prolétariat tout entier du continent européen.

En ce moment, où toute la presse bourgeoise bismarckienne tente d'entraîner l'Espagne dans une guerre fratricide contre la France : Nous déclarons publiquement aux travailleurs espagnols qu'ils ont toutes les sympathies de la classe ouvrière française. Nous repoussons énergiquement toute guerre nationale, dont le moindre défaut serait de nous diviser et de retarder indéfiniment notre émancipation.

Il est trop visiblo que cette tactique de Bismarck a non-seulement pour objet de montrer à l'Europe, la France continuant le rôle ridicule de soutien de la papauté, mais il a surtout le désir d'imposer à l'Espagne un prince de son choix et à sa dévotion, qui bâillonnera les socialistes et les fédéralistes espagnols, comme il le fait lui-même aux socialistes d'Allemagne.

Ce que veut, ce nouveau pape protestant, c'est mettre la France aux prises avec l'Espagne, afin de pouvoir continuer ses guerres de conquêtes et de pillage du côté de l'orient comme de l'occident européen.

Les ouvriers italiens vont avant peu entrer en lutte armée contre la bourgeoisie. Or, qu'ils constituent un gouvernement exclusivement dans l'intérêt des travail-leurs ; qu'ils abolissent immédiatement tous les privi-léges de la bourgeoisie, nous leur promettons d'avance que, pour vaincre la réaction bourgeoise à l'intérieur comme à l'extérieur, les ouvriers volontaires de tous les pays, et en particulier de France, ne leur feront pas défaut.

En Angleterre, la lutte entre les exploiteurs et les exploités devient chaque jour plus accentuée. La fé-dération des capitalistes industriels et agricoles, pour résister aux trop modestes exigences des sociétés ou-vrières, ne pouvait pas mieux poser la question entre les deux classes. L'envoi aux dernières élections de deux candidats ouvriers au Parlement, c'est la nais-sance du parti ouvrier en Angleterre ; c'est pour les prolétaires de la Grande-Bretagne l'entrée à pleine voile dans la voie politique. Leur projet de fédération natio-nale, entre toutes les sociétés ouvrières, dans le but de se faire représenter au Parlement par des ouvriers, est d'une immense importance pour l'avenir.

L'affirmation si digne des socialistes d'Allemagne par Hasselmann au Parlement de Berlin. Les lois ex-ceptionnelles votées contre les travailleurs et leur em-prisonnement, la dissolution des sociétés ouvrières dans l'empire allemand, nous donnent l'espérance certaine que loin de décourager les socialistes de ce côté du Rhin, ils sortiront bientôt de la légalité pour entrer dans la voie révolutionnaire.

Les ouvriers d'Autriche et ceux de Suisse s'occupent activement de leur organisation locale ainsi que de leur fédération nationale.

La proposition de fédération universelle des mécani-ciens réunis de Bruxelles, et une proposition semblable d'un groupe de mécaniciens français (propositions faites au mois de mai 1874 aux mécaniciens anglais), nous donnent la certitude que bientôt la fédération internationale des corporations ouvrières sera un fait accompli.

Les ouvriers agricoles polonais et russes s'aperçoivent déjà que leur prétendue émancipation de 1861, qui les oblige à travailler la moitié de l'année pour les boyards, leurs maîtres, n'est qu'une grossière mystification.

L'organisation des granges sur le nouveau continent, c'est l'avénement du socialisme parmi les ouvriers américains.

Ce sont là des signes des temps qui ébranlent le vieil édifice social, qui bientôt l'engloutiront de toutes parts.

Or, en présence de ces faits, eu égard à l'expérience acquise pendant la Commune de Paris ; considérant les actes d'atrocité sauvage dont nous avons toujours été l'objet de la part de la classe bourgeoise.

Le programme de la classe ouvrière se réduit à ceci :

S'emparer du pouvoir politique ;

Décréter aussitôt l'abolition de la propriété individuelle et privée, l'abolition de l'exploitation de l'homme par l'homme ;

Mettre immédiatement en pratique le nouveau mode de production ;

Organiser l'armée de la révolution, les finances, la police, l'enseignement, écraser la réaction clérico-bourgeoise à l'intérieur.

Se préparer à vaincre la coalition étrangère à l'extérieur.

Quand le terrain sera déblayé, quand la destruction de la bourgeoisie et de ses institutions sera complète, la forme du gouvernement ne sera évidemment plus qu'un détail, une simple question administrative.

A ceux qui, toujours prêts à critiquer les actes des travailleurs, nous accusent de diviser les forces de la révolution, nous répondons : Votre assertion est inexacte. S'il est vrai qu'il y ait des bourgeois qui entendent comme nous par révolution l'affranchissement immédiat et absolu de la classe ouvrière, nous ne les pcroussons pas, nous croyons, nous aussi, que l'armée révolutionnaire doit se composer indistinctement de tous les volontaires qui viennent à elle.

Ce que nous voulons, c'est que les éléments révolutionnaires bourgeois s'organisent en déhors de nous et non parmi nous. Chacun de ces groupes étant plus homogène sera plus actif, et leur concours aura nécessairement pour résultante la révolution. Mais cette fois, avec cette différence, que la classe ouvrière au lieu d'être une masse flottante sans cohésion comme sans direction ; toujours prête à suivre les intrigants les plus verbeux ; la classe ouvrière sera une force organisée, un corps compacte vivant de sa vie propre, et qui pourra dire au jour de la révolution ; il ne s'agit point pour nous d'un changement de mots ni d'un changement de personnel gouvernemental, c'est de notre émancipation politique et économique dont il s'agit. Nous ne pourrons plus alors être impunément sacrifiés par des charlatans qui après avoir sollicité notre concours et notre appui, ne pensent plus le lendemain qu'à défendre les priviléges de la classe bourgeoise.

◆

STATUTS

du Comité révolutionnaire du prolétariat.

Considérant :

1o. Que *l'émancipation politique et économique des travailleurs* doit être l'œuvre des travailleurs euxmêmes ; que la lutte pour leur émancipation n'est pas une lutte pour maintenir des priviléges en faveur d'une classe, mais pour l'abolition des classes, et pour établir *pour tous des droits et des devoirs égaux ;*

2o. Que le pouvoir politique est indispensable pour imposer les réformes économiques exigées par les travailleurs : en conséquence, la question politique et la question sociale sont indissolublement unies et ne sont que la double face d'une seule et même question ;

3o. Que la dependance économique et politique des travailleurs vis-à-vis des capitalistes, exploiteurs ou rentiers, constitue la base de l'esclavage ; que pour cette raison les travailleurs, en s'emparant du pouvoir, doivent décréter que la terre et les instruments de travail sont propriété collective. En un mot, le Comité se déclare communiste.

4o Que toutes les religions ont pour but : l'obéissance des travailleurs envers les classes privilégiées, la soumission aux lois faites sans eux et contre eux, et finalement, le maintien du prolétariat dans une servitude perpétuelle ; le comité se déclare athée, et ne croit absolument qu'à ce que démontre les sciences exactes.

5o. Que la révolution, sous son triple aspect, politique, économique et réligieux, n'est possible qu'en conduisant le combat avec ensemble et unité, toutes les révolutions précédentes ayant échoué faute de solidarité entre les travaileurs des diverses professions dans chaque pays et d'une forte organisation entre les travailleurs de toutes les nations ; le comité se donne une organisation centrale pour l'agitation comme pour l'action.

6o. Que l'émancipation des travailleurs n'est pas simplement une question locale ou nationale, mais une *question sociale* qui embrasse toutes les nations et dont la solution nécessite le concours des travailleurs de tous les pays ; conséquemment, le Comité se rallie en principe à l'Association internationale des travailleurs.

Pour ces motifs,

Il est formé une société composée exclusivement de travailleurs, c'est-à-dire de citoyens soumis aux conditions de travail ordinaire.

Elle prend pour titre :

COMITÉ RÉVOLUTIONNAIRE DU PROLÉTARIAT.

Son but. — L'émancipation immédiate et absolue de la classe ouvrière.

Ses principaux moyens d'agitation sont. — Les élections, les grèves et la propagande anti-religieuse.

La commission exécutive :

A. DAEDELLE, dessinateur,   E. MAUJEAN,, ouvrier en pianos,
C. SIMONAUD, ouvrier tailleur.

La commission de propagande :

V. DELAHAYE, ouv. mécanic.,   J. JOFFRIN, ouvrier mécanicien,
J. RINCK, ouvrier feuillagiste.

La commission de contrôle et d'enquêtes :

E. BLOND, doreur sur métaux,   A. CANNESSON, ouvrier en pianos,
M. DELACROIX, ouvrier mécanicien.